LES MINIONS™

1. BANANA !

Dessin : Renaud **COLLIN**   Scénario : Didier **AH-KOON**

DUPUIS

PREMIÈRE ÉDITION

Dépôt légal : juin 2015 — D.2015/0089/063
ISBN 978-2-8001-6011-5

Imprimé en Belgique par Lesaffre.

www.DUPUIS.COM

Cet album a été
imprimé sur papier issu
de forêts gérées de
manière
durable et équitable.

Powered by

030

RENAUD + DIDIER 2014

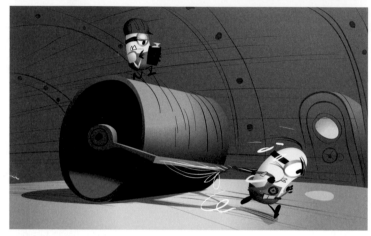

035

REVAUD + DIDIER 2014

RENAUD + DIDIER 2014

CIBLE PARFAITE !

RENAUD + DIDIER 2014

REVAUD + DIDIER 2014

RENAUD+DIDIER 2014

RENAUD+DIDIER 2014

TU VOIS QUOI ?

RENAUD + DIDIER 2014

12

10

Renaud + Didier 2014

RENAUD + DIDIER 2014

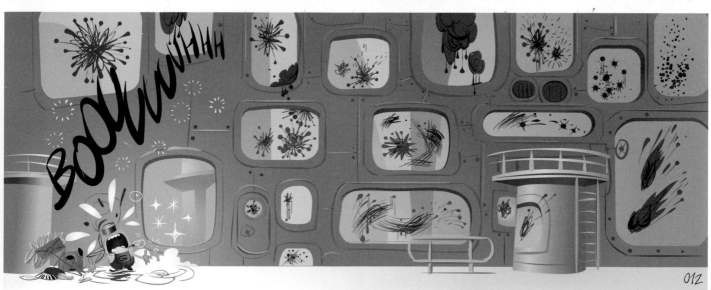

012

RENAUD + DIDIER 2014

027

RENAUD + DIDIER 2014

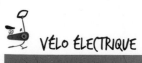

RENAUD + DIDIER 2014

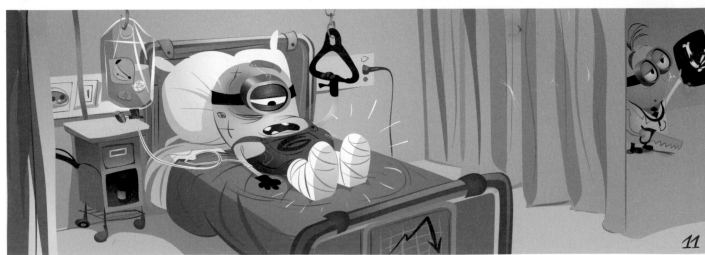

RENAUD + DIDIER 2014

11

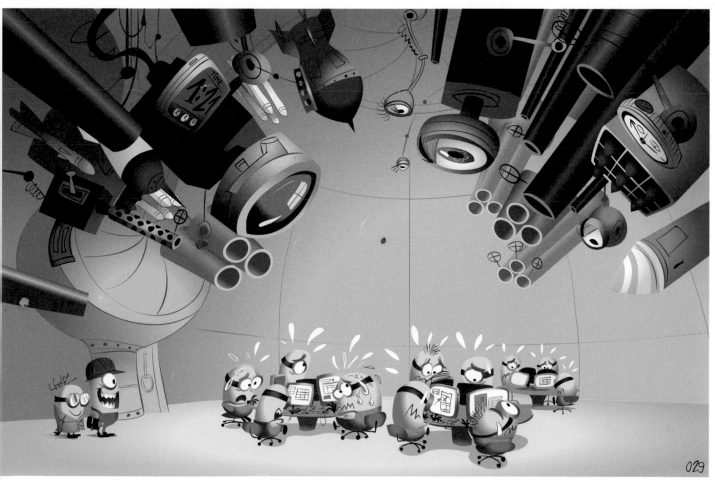

029

RENAUD + DIDIER 2014

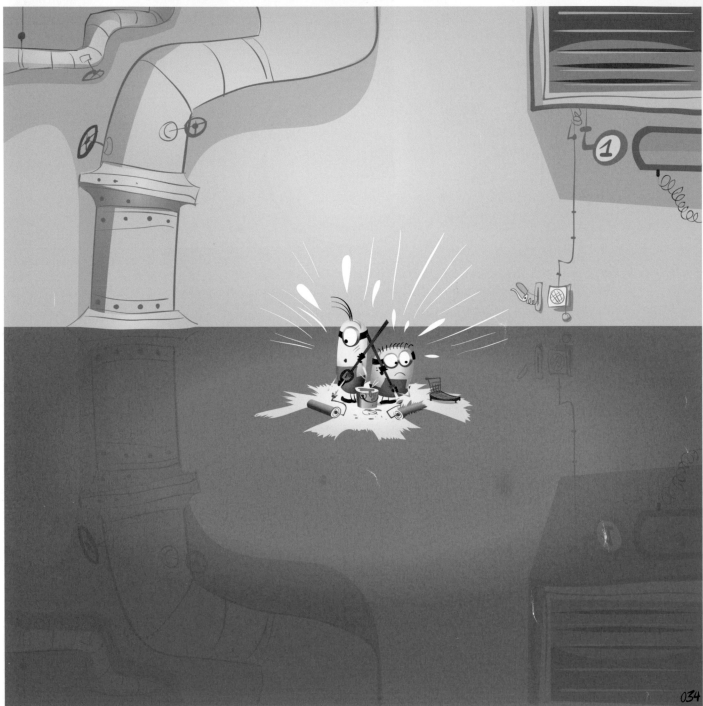

034

RENAUD + DIDIER 2014

RENAUD + DIDIER 2014

RENAUD + DIDIER 2014

ENFIN SEUL

018

RENAUD + DiDiER 2014

017

RENAUD + DIDIER 2014

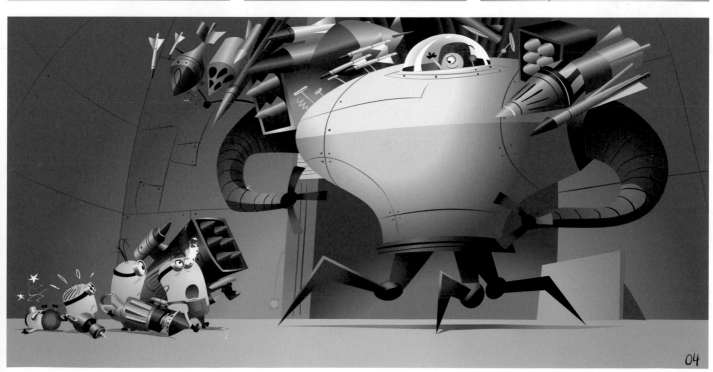

04

REVAUD + DIDIER 2014

Le lendemain...

REVAUD+DIDIER 2014

013

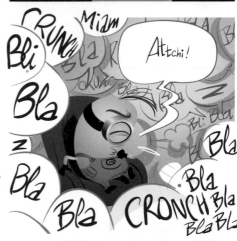

Renaud + Didier 2014

RENAUD + DIDIER 2014

Renaud + Didier 2014

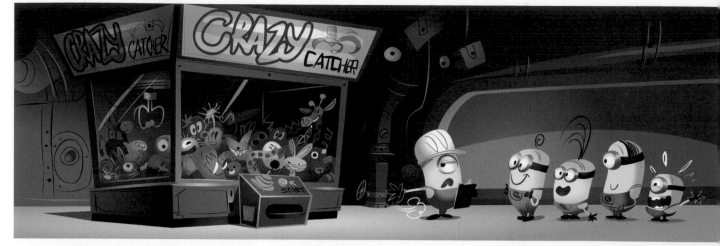

RENAUD + DIDIER 2014

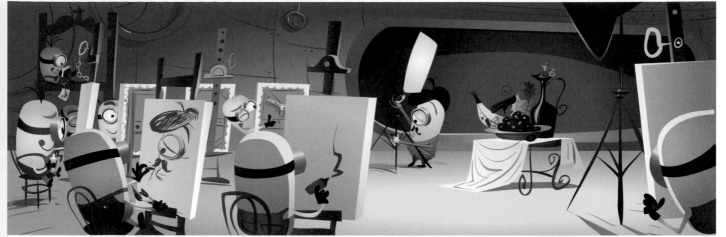

014

RENAUD + DIDIER 2014

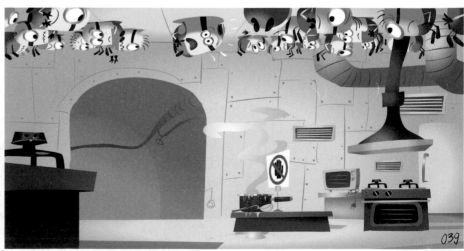

039

REVAUD + DIDIER 2014

PANNE D'INSPIRATION

RENAUD + DIDIER 2014

BLAM

CLANG

RENAUD+DIDIER 2014

RENAUD + DIDIER 2014

020

Renaud + Didier 2014

SPIDERMINION

Le Lendemain ...

037

RENAUD + DiDiER 2014

Renaud + Didier 2014

038

RENAUD + DIDIER 2014

RENAUD + DIDIER 2014

043

Revaud + Didier 2014

REVAUD+DIDIER 2014

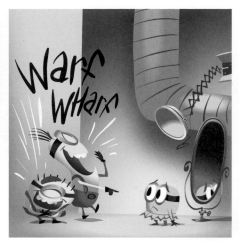

BALLET ÉLECTRIQUE

45

RENAUD + DIDIER 2014

041

RENAUD + DIDIER 2014

033

Renaud + Didier 2014